Opin suomea

TEKSTIT

Hannele Allen

Värityskuvat Allen (AI), Sanna Siltanen ja Pixabay

Kustantaja: BoD · Books on Demand, Mannerheimintie 12 B,

00100 Helsinki, bod@bod.fi

Kirjapaino: Libri Plureos GmbH, Friedensallee 273,

22763 Hampuri, Saksa

ISBN: **978-952-80-9639-9**

Aakkoset

a	b	c	d	e	f	g
h	i	j	k	l	m	n
o	p	q	r	s	t	u
	v	w	x	y	z	
	å	ä	ö			

aa	bee	cee	dee	ee	äf	gee
hoo	ii	jii	koo	äl	äm	än
oo	pee	kuu	är	äs	tee	uu
vee	kaksoisvee		äks	yy	tseta	
	ruotsalainen oo	ää	öö			

Salakirjoitusta

1 1 13 21   11 15 21 12 21   28 9 20 9

5 1   15 16 16 21   11 29 16 26

24 29 20 25 1 7 1 19 14 3 5 28 18 28

såmåäm

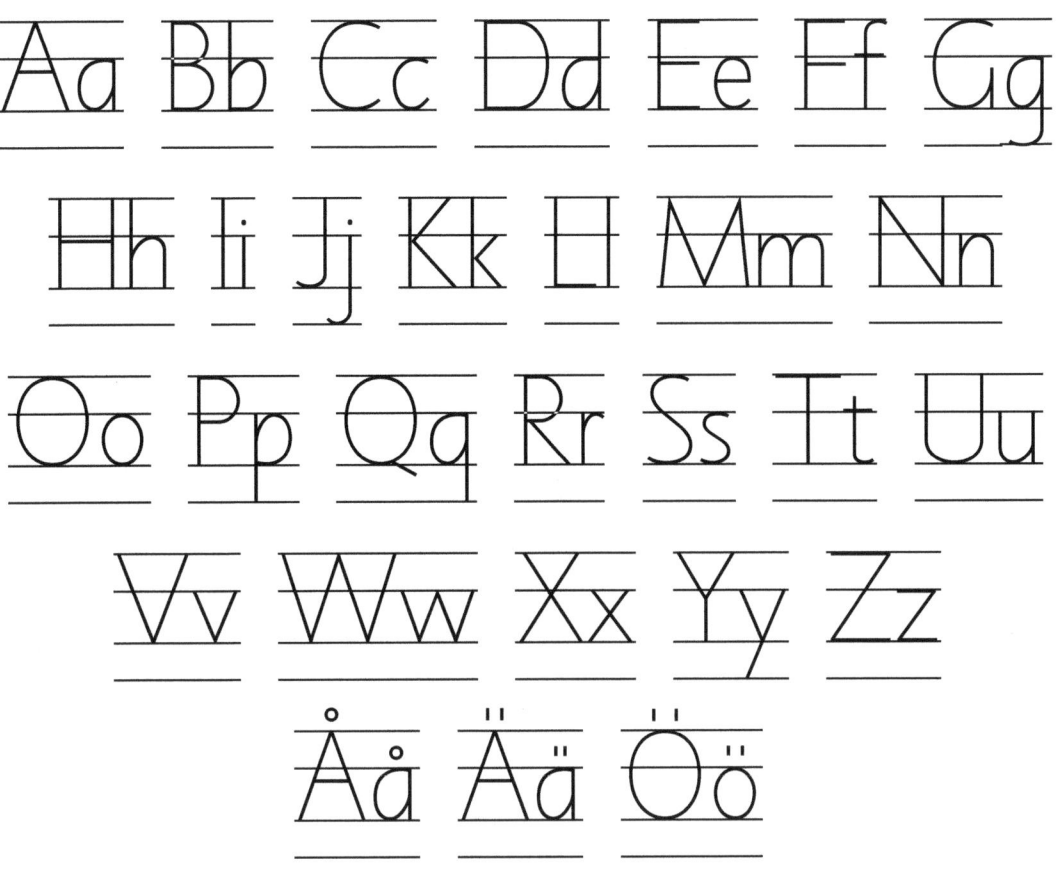

Aa Bb Cc Dd Ee Ff Gg

Hh Ii Jj Kk Ll Mm Nn

Oo Pp Qq Rr Ss Tt Uu

Vv Ww Xx Yy Zz

Åå Ää Öö

acemnorsuvwxz

bdfhikltåäö

gjpqy

3

Minä olen Anna.

Kuka sinä olet?

Minä olen Anna.

Kuka sinä olet?

Minulla on kissa.

Minulla on kissa.

1. Minulla on perhe

Onni:	Minulla on perhe.
Anna:	Niin on.
Onni:	Sinulla on äiti ja isä.
Anna:	Niin on.
Onni:	Sinulla on sisko ja veli.
Anna:	Niin on ja minulla on rakas Onni-kissa.

Anna, Leena-äiti ja Rainer-isä

Onni-kissa

Otto-veli

Saana-sisko

Minulla on koti. Minä olen kotona.

2. Minä olen 10-vuotias

Onni: Kuinka vanha sinä olet?

Anna: Minä olen 10-vuotias.

Onni: Minä olen viisivuotias.

Minä olen nuori.

Anna: Niin. Sinä olet nuori.

yksi kaksi kolme neljä viisi kuusi

seitsemän kahdeksan yhdeksän

kymmenen

yksitoista

kaksitoista

kolmetoista

neljätoista

viisitoista

kaksikymmentä   kaksikymmentäyksi   kaksikymmentäkaksi

yhdeksänkymmentäyhdeksän   sata   satayksi   satakaksi

kaksisataa   kaksisataayksi   kaksisataakaksikymmentäviisi

yhdeksänsataayhdeksänkymmentäyhdeksän   tuhat   ja nolla

3. Minulla on kirja

Anna:	Minulla on kirja.
Onni:	Mikä kirja se on?
Anna:	Tämä on koulukirja.
	Minulla on lukuläksy.
Onni:	Hyvä. Hyvä.

Minulla on kirja.

4. Minä olen suomalainen

Onni: Minä   olen   suomalainen kissa.

Minä en ole   intialainen   kissa.

Anna: Nii-iin.

Onni: Sinä   olet suomalainen.

Sinä et ole   intialainen.

Minkämaalainen sinä olet?

5. Minkävärinen tämä on?

Se   on   sininen.

Se   ei ole   musta.

sininen   punainen   keltainen

violetti   oranssi   vihreä

musta   sinivalkoinen

Onni on mustavalkoinen kissa.

6. Millainen Onni on?

pieni   iso   lyhyt   pitkä

kiltti   tuhma   hidas   nopea

nuori   vanha   uusi   hyvä   huono

kiva   hieno   ihana   mustavalkoinen

Onni on nopea.

7. Tämä on kissa.

Tämä   on   kissa.

Onko tämä kissa?

         Onko Onni tyttö?

         Ei ole.

         Onko Onni poika?

         On.

1. Lue.   Onko Otto poika?

         On.

         Otto on iso poika.

         Kuinka vanha hän on?

         Hän on 12-vuotias.

         Hän on ala-astelainen.

Sanasto: Käännä sanat.

ala-astelainen	poika
hän	sana
kääntää	tyttö

2. Lue.

Onko äiti tyttö?

On ja ei ole.

Äiti on nainen.

Minkämaalainen Leena-äiti on?

Leena on suomalainen.

Rainer-isä on suomenruotsalainen.

Hän on mies.

3. Lue.

Onko Saana tyttö?

On.

Hän on 15-vuotias suomalainen tyttö.

Saana on äänekoskelainen.

Hän on yläastelainen.

Saana puhuu suomea, ruotsia, englantia ja ranskaa.

Sanasto

englanti	ruotsi
mies	suomalainen
nainen	suomenruotsalainen
puhua	yläastelainen
ranska	äänekoskelainen

8. Anna on tyttö

Lue.

Minä olen tyttö.

Sinä olet poika.

Anna on lapsi.

Hän on tyttö.

Me olemme sisällä.

Te olette sisällä.

He ovat ulkona.

sisällä

ulkona

Sanasto: Tee sanakirja.

he	sisällä
lapsi	te
me	tehdä
sanakirja	ulkona

9. Missä sinä olet?

Lue.   Missä sinä olet?

Minä olen koulussa.

Minä en ole kotona.

Opettaja on koulussa.

Hän ei ole kotona.

Me olemme kaikki koulussa.

Me emme ole kotona.

Isä ja äiti eivät ole koulussa.

Sanasto

koulussa	missä

minä	en	ole
sinä	et	ole
hän	ei	ole
me	emme	ole
te	ette	ole
he	eivät	ole

10. Missä Onni on?

Lue.   Missä Onni on?

Onni on sylissä.

Anna ei ole nyt koulussa.

Hän on kotona.

Onni on iloinen.

Onni ei ole surullinen.

Sanasto

iloinen
nyt
surullinen
syli
sylissä

Lue.   Missä Onni oli?

Onni oli sylissä.

Nyt Onni ei ole sylissä.

Missä Onni on?

Onni on pihalla.

Onni on kotipihalla.

Sanasto

koti	piha
oli	pihalla

11. Mustat hupparit

Piirrä, kirjoita ja väritä vihkoon. Esittele.

huppari	hupparit
Tämä on musta huppari.	Nämä ovat mustat hupparit.
pusero	puserot
Tämä on	Nämä ovat
	housut

yksikkö	monikko

sukka	sukat
reppu	reput
hattu	hatut
paita	paidat

12. Annalla on mekko

Lue.   Anna on tyttö.

Anna on 10-vuotias.

Anna on koululainen.

Anna on suomalainen.

Annalla on mekko.

Annalla on sukat.

Annalla on myös kissa.

Sanasto

kenellä	mekko
koululainen	myös

Kenellä on mekko ?

Annalla on mekko.

13. Minulla on lippis

Lue.

Anna :	Mitä sinulla on päällä?
Otto :	Minulla on mustat farkut.
	Mitä sinulla on päällä?
Anna :	Minulla on siniset leggingsit.
	Minulla on myös toppi.
	Se on sinivalkoinen.
	Lippiskin on päässä.
Otto :	Minulla on oranssi t-paita.
	Minulla on musta huppari.

Sanasto

farkut	lippis	päässä
leggingsit	päällä	toppi

14. Minulla on polvet

1. Piirrä ihminen vihkoon.

2. Nimeä:

 PÄÄ
 SUU
 OLKAPÄÄ
 VATSA

 JALKA
 NILKKA

 SORMI
 POLVI
 SÄÄRI
 KÄSI
 REISI
 RINTA
 RANNE
 VARVAS

Saana

15. Kenen häntä tämä on?

Lue.　　　Kenen häntä tämä on?

Se on Onnin häntä.

Sanasto

häntä	kenen

16. Kenen silmät ovat vihreät?

Lue. Onnin silmät ovat vihreät.

Onnin silmä on vihreä.

Onnilla on vihreä silmä.

Onnilla on vihreät silmät.

Sanasto SILMÄ

17. Anna

Lue. Annalla on pitkä tukka.

Tukka on vaalea.

Annalla on pieni, nätti nenä.

Annan suu on punainen.

Annan korva on söpö.

Toinen korva on myös söpö.

Hänen korvat ovat söpöt.

Hänellä on söpöt korvat.

Annan silmä on iso.

Toinen silmä on myös iso.

Annalla on isot silmät.

Hänellä on siniset silmät.

Hänen silmät ovat siniset.

Sanasto

hänellä	söpö
hänen	toinen
korva	tukka
nätti	vaalea

18. Annan ystävä Mimmi

Lue.   Mimmillä on tumma tukka.

Mimmin tukka ei ole vaalea.

Hänellä on ruskeat silmät.

Hänen silmät ovat siis ruskeat.

Mimmillä on lyhyt punainen takki.

Takki ei ole pitkä.

Mimmin housut ovat siniset.

Mimmin kaulaliina on punavalkoinen.

Se on raidallinen.

Mimmillä on punavalkoinen pipo.

Se on ruudullinen.

Mimmin lapaset ovat myös punaiset.

Mimmillä on valkoiset kengät.

Hänen reppu on punainen.

Punainen on Mimmin lempiväri.

Sanasto

kaulaliina	pipo	siis
kenkä	raidallinen	takki
lapanen	ruskea	tumma
lempiväri	ruudullinen	ystävä

19. Minun äiti

Lue. Mikä sinun äidin nimi on?

Hänen nimi on _____ .

Minkämaalainen sinun äiti on?

Hän on _____ .

Minkävärinen tukka sinun äidillä on?

Hänellä on _____ tukka.

Tämä kaikki on totta. totta

Lue. Merenneitoprinsessa

Aada on merenneito.

Aada on prinsessa.

Hän on merenneitoprinsessa.

Nyt Aada ui.

Meri on Aadan koti.

Sanasto

kaikki	prinssi
merenneito	satu
meri	totta
prinsessa	uida

satu

26

20. Onko sinulla hyvä salasana?

Lue.

Onni:	Onko tämä meidän uusi tietokone?
Anna:	On. Meillä on uusi tietokone.
Onni:	Onko sinulla käyttäjätunnus?
Anna:	On.
Onni:	Onko sinulla hyvä salasana?
Anna:	On.
Onni:	Missä sinun salasana on?
Anna:	Se on vain minun päässä.

Sanasto

käyttäjätunnus	salasana
meidän	tietokone
meillä	vain

21. Mitä Anna tekee?

Anna   istuu.

Sanasto   ISTUA

Minä	istu**n**.
Sinä	istu**t**.
Hän	istu**u**.
Me	istu**mme**.
Te	istu**tte**.
He	istu**vat**.

22. Anna nukkuu

Lue.   Nyt on melkein keskiyö.

                Anna nukkuu.

                Kuka muu nukkuu?

                Saana nukkuu.

                Kuka muu nukkuu?

                Isä, äiti ja Otto nukkuvat.

                Mitä Onni tekee?

                Onni leikkii aulassa.

                Onni ei nuku.

Sanasto

aula	melkein
keskiyö	muu
leikkiä	nukkua

23. Laulaako Otto?

Lue.   Onni: Otto ei ole täällä.

        Anna: Ei ole. Ei.

        Onni: Missä Otto on?

        Anna: Otto on omassa huoneessa.

        Onni: Mitä Otto tekee?

        Anna: Otto soittaa.

        Onni: Laulaako Otto?

        Anna: En tiedä.

        Onni: Onko Otolla kitara siellä?

        Anna: On.

Sanasto

huone	siellä
kitara	soittaa
laulaa	tietää
oma	täällä

24. Sinä puet takkia

Lue.

Onni:	Sinä puet takkia.
Anna:	Niin puen.
Onni:	Lähdetkö sinä jo?
Anna:	Lähden.
	Olen sitten ajoissa.
	En myöhästy.
Onni:	Hauskaa koulupäivää!

Sanasto

ajoissa	lähteä	riisua
hauska	myöhästyä	sitten
jo	pukea	takki

25. Anna ostaa puseron

Lue.   Anna on kaupassa.

Mitä Anna etsii?

Hän etsii kivaa puseroa.

Löytääkö Anna kivan puseron?

Kyllä löytää.

Anna ostaa puseron.

Millainen pusero on?

Se on kaunis, kukallinen ja värikäs.

Siinä on pitkät hihat.

Sanasto

etsiä	kauppa	löytää
hiha	kukallinen	ostaa
kaunis	kyllä	värikäs

26. Onnilla ei ole puseroa

Lue.

Onni:	Sinulla on kaunis pusero.
Anna:	Kiitos.
Onni:	Se on uusi.
	Oliko se kallis?
Anna:	Oli.
Onni:	Minulla ei ole puseroa.
Anna:	Ei ole. Ei.

Sanasto KALLIS

27. He ovat sukulaisia

Gunilla   Kai ja Anna   Andreas ja Stefan

Lue.   Kuka on Annan täti?
            Gunilla on Annan täti.
            Gunilla on Annan isän sisko.
            Gunilla asuu Tukholmassa.
            Nyt Gunilla opettaa.
            Kuka Kai on?
            Kai on Annan eno.
            Hän on Annan äidin veli.

Sanasto

asua	setä
eno	sukulainen
onkia	Tukholma
opettaa	täti
serkku	vene

Lue.   Stefan on Annan isän veli.
            Hän on Annan setä.
            Andreas on Annan serkku.
            Stefan ja Andreas ovat Annan sukulaisia.
            Nyt he istuvat veneessä ja onkivat.

28. Annan isovanhemmat

Lue.
Annika Sand on Rainerin äiti.
Ben Sand on Rainerin isä.
Annika ja Ben ovat Annan isovanhemmat.
Isovanhemmat asuvat Maarianhaminassa.
Heillä on siellä omakotitalo.
Heidän pihansa on suuri.
Nyt he ovat omalla pihalla.

Annika ja Ben

Sanasto

heidän
heillä
isoisä
isovanhempi
isoäiti
omakotitalo
suuri

29. Äiti kysyy

Lue.

Äiti:	Anna, luetko kaikki sanat?
Anna:	Joo, luen kaikki sanat.
Äiti:	Kirjoitatko kaikki sanat?
Anna:	No joo, kirjoitan kaikki sanat.
Äiti:	Ymmärrätkö kaikki sanat?
Anna:	Joo, ymmärrän kaikki sanat.
	Muistan jo melkein kaikki sanat.
	Jotkut uudet sanat unohdan kyllä heti.

Sanasto

heti	kysyä
joku	muistaa
joo	unohtaa
kirjoittaa	ymmärtää

30. Kuka käskee?

Lue.

Äiti:	Näytä läksyt!
Anna:	Äiti, istu tässä!
	Minä näytän.
Äiti:	Hyvä! Minä istun ja katson.
	Lue lukuläksy!
	Kirjoita sanat!
Anna:	Joo, mä luen ja kirjoitan.

Sanasto

katsoa	käskeä	näyttää

31. Onni maistaa

Lue.

Onni:	Minä odotan.
Anna:	Jaa.
Onni:	Onko kanakeitto pian valmis?
Anna:	Joo. On.
Onni:	Voi miten ihana tuoksu!
Anna:	No niin on.
Onni:	Kohta minä maistan.

Sanasto

haistaa	miten
ihana	odottaa
kanakeitto	pian
kohta	tuoksu
maistaa	valmis

32. Kaupassa

Lue.   Äiti ja Anna ovat kaupassa.

He ostavat ruokaa.

Äiti ja Anna ostavat kuusi banaania.

He ostavat maitoa, juustoa ja leipää.

He ostavat myös kaksi kalaa.

Sanasto

banaani
juusto
kala
kauppa
leipä
maito
ruoka

33. Hyvää ruokahalua!

Lue.

Onni: Minä syön kurkkua.

Anna: Joo-o. Niin syöt.

Onni: Minä en syö paprikaa.

Anna: Et niin.

Onni: Minä juon maitoa.

   Minä en juo piimää.

Sanasto

juoda	piimä
kurkku	ruokahalu
paprika	syödä

34.   Sandit tekevät ruokaa

Lue.

Sandit tekevät keittiössä ruokaa yhdessä.

Tänään Sandit tekevät lasagnea.

Äiti ja Anna tekevät kurpitsalasagnea.

Isä tekee herkullisen kurpitsapiirakan.

Saana ja Otto tekevät kurpitsalyhdyn.

Sitten he voivatkin jo syödä.

Sanasto

herkullinen	lyhty
keittiö	piirakka
kurpitsa	voida
lasagne	yhdessä

35. Yökylässä

Lue. Anna on Mimmin luona yökylässä.

Illalla he leipovat.

Ensin he tekevät taikinan ja puuron.

Sitten he muotoilevat pienet piirakat.

Pian karjalanpiirakat ovat uunissa.

Sitten he voivat pestä kaikki astiat.

Sanasto

astia	kylä	pestä
ensin	leipoa	puuro
ilta	luona	taikina
karjalanpiirakka	muotoilla	uuni

36. Tulkaa syömään!

Lue.

Äiti:	Syömään!	
	Tulkaa pian!	
	Ruoka on nyt valmista!	
Saana:	Tullaan, tullaan!	
	Otto ja Anna! Tuutteks te jo?	
Anna:	Hei Otto! Mennään heti!	
Otto:	No niin.	
	Mitäs ruokaa täällä on?	
Äiti:	Meillä on tänään kinkkupitsaa.	
	Salaatissa on tomaattia, paprikaa ja kurkkua.	

Sanasto

heti
kinkku
mennä
pitsa
salaatti
tomaatti
tulla

37. Ystävä ja luokkakaveri

Lue.   Anna ja Mimmi ovat samalla luokalla.

Mimmi on siis Annan luokkakaveri.

Tunnilla he viittaavat, vastaavat ja osaavat.

He laskevat, piirtävät ja lukevat.

Kotona he leikkivät, leipovat ja pelaavat.

He tekevät kotitehtävätkin yhdessä.

Sanasto

luokka	piirtää
luokkakaveri	sama
laskea	tunti
osata	vastata
pelata	viitata

38. Omenapuun alla

Piirrä vihkoon.

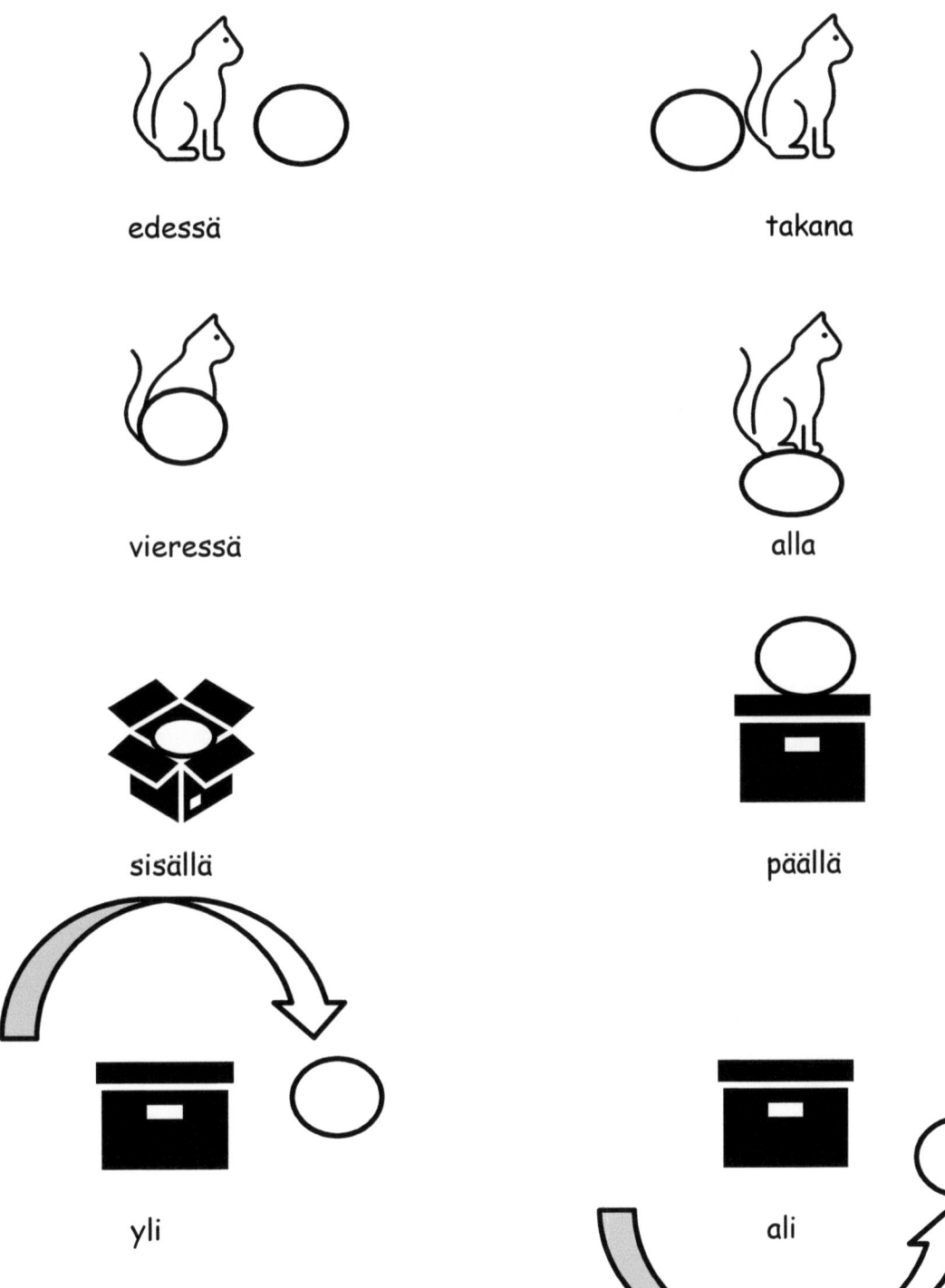

edessä

takana

vieressä

alla

sisällä

päällä

yli

ali

Laula.   Missä se Väinö on?

39. Oton syntymäpäivä

Lue.

Tänään on Oton syntymäpäivä.

Pöydän päällä on pieni paketti.

Paketin väri on punainen.

Rusetti on kullanvärinen.

Paketissa on Oton syntymäpäivälahja.

Otto avaa paketin.

Paketin sisällä on kännykkä.

Kännykän väri on valkoinen.

Kännykkä on siis valkoinen.

Akku on musta.

Akun väri on siis musta.

Kaikki onnittelevat Ottoa.

Otto kiittää kaikkia.

Sanasto

akku	onnitella
avata	paketti
kiittää	pöytä
kullanvärinen	rusetti
kännykkä	syntymäpäivä
lahja	väri

40. Kahvilassa

Lue.   Saana ja Saanan ystävä Tuovi ovat kahvilassa.

Saana ostaa kahvin ja herkullisen korvapuustin.

Kahvi maksaa kolme euroa.

Iso korvapuusti maksaa neljä euroa.

Tuovi ostaa vihreän teen ja ihanan munkin.

Tee maksaa kolme euroa.

Munkin hinta on myös kolme euroa.

Tytöt maksavat ostokset.

Sanasto

hinta	maksaa
kahvi	munkki
kahvila	ostos
korvapuusti	tee

41. Missä Anna on?

Lue.   Anna on käsityötunnilla.

Hän on käsityöluokassa.

Hän ompelee ompelukoneella.

Hän tekee tyynyn.

Mimmi ei ompele.

Mimmin tyyny on valmis.

Hänellä on kädessä puikot.

Hän kutoo.

Mimmi tekee pienen kissan.

Sanasto

kutoa	ompelukone
käsityö	puikko
ommella	tyyny

42. Koulussa

Lue.   Anna on koulussa.

Anna on neljännellä luokalla.

Otto on koulussa.

Otto on kuudennella luokalla.

Anna ja Otto ovat ala-asteella.

Saana on koulussa.

Saana on yhdeksännellä luokalla.

Saana on yläasteella.

Sanasto

ensimmäinen	sadas
kolmas	toinen
kuudes	viides
neljäs	yhdeksäs

1.

2.

3.

100.

43. Leenalla on puutarha

Lue.   Leenalla on pieni puutarha.

Pienessä puutarhassa on yrttipenkki.

Siellä on myös kukkapenkki.

Tilli kasvaa yrttipenkissä.

Orvokit ja ruusut kasvavat kukkapenkissä.

Leena hoitaa ja kastelee puutarhaa huolellisesti.

Sanasto

hoitaa	orvokki
huolellisesti	puutarha
kastella	ruusu
kasvaa	tilli
kukkapenkki	yrtti

44. Onnilla on nälkä

Lue.   Onni juoksee.

        Anna odottaa.

        Onni naukuu ja tervehtii iloisesti.

        Onnilla on kova nälkä.

        Onneksi ruoka on jo kupissa.

        Onni syö innokkaasti.

        Sitten Onni peseytyy.

        Sitten Onni nukkuu keinussa.

Sanasto

iloisesti	kuppi
innokkaasti	naukua
juosta	nälkä
keinu	peseytyä
kova	tervehtiä

45. Mihin Onni kiipeää?

Lue.   Onni on ulkona.

Onni kiipeää nopeasti puuhun.

Sitten Onni istuu puun oksalla.

Puussa on kiva istua.

Pian Onni huomaa Annan.

Anna kävelee tiellä.

Onni hyppää puusta alas.

Sitten Onni juoksee tielle Annaa vastaan.

Anna ottaa Onnin syliin.

Onni naukaisee.

Sanasto

alas	mihin	puu
huomata	mistä	sitten
hypätä	naukaista	tie
kiivetä	oksa	vastaan

46. Mihin Anna juoksee?

Lue.　　Anna on koulussa.

Annan tunti loppuu ja Anna lähtee välitunnille.

Anna on ensimmäinen pihalla.

Anna juoksee heti vapaaseen keinuun.

Mimmi kutsuu kuitenkin Annaa.

Anna lähtee keinusta ja kävelee Mimmin luo.

Yhdessä he kävelevät urheilukentälle.

Sanasto

kuitenkin	soida
kutsua	urheilukenttä
loppua	vapaa
luo	välitunti

47. Mihin isä juoksee?

Lue.   Isä ei ole kotona.

Isä on töissä paloasemalla.

Hän on palomies.

Palomiehillä on kokous.

Sitten hälytyskello soi.

Isä juoksee paloautoon.

Hän istuu etupenkille.

Pian paloauto ajaa moottoritiellä.

Kohta he saapuvatkin jo kolaripaikalle.

Sanasto

ajaa	paloasema
etupenkki	paloauto
hälytyskello	palomies
kokous	saapua
kolaripaikka	takapenkki
moottoritie	työ

48. Mummolassa

Lue.   Marraskuussa on isänpäivä.

Sandit ajavat lauantaina mummolaan.

He ovat mummolassa yhden yön.

Lauantai-iltana kaikki käyvät saunassa.

Saunan jälkeen syödään perunalaatikkoa ja jäätelöä.

Sunnuntaina on isänpäivä.

Anna keittää kahvia isälle ja papalle.

Saana paahtaa leivät.

Otto puristaa appelsiinimehua.

Äiti paistaa munat.

Leena vie yhden tarjottimen isälleen sänkyyn.

Anna, Saana ja Otto vievät toisen tarjottimen omalle isälleen.

Sanasto

isänpäivä	mummola	puristaa
jälkeen	paahtaa	sauna
jäätelö	paistaa	sänky
keittää	pappa	tarjotin
mehu	perunalaatikko	viedä

49. Mistä Onni tykkää?

Lue.   Onni tykkää Annasta.

Onni leikkii Annan kanssa.

Leikkiminen on kivaa.

Onni tykkää myös kalasta.

Onni siis syö mielellään kalaa.

Onni tykkää kaikenlaisesta lihasta.

Erikoisesti Onni tykkää ankasta ja lohesta.

Sanasto

ankka	leikkiminen
erikoisesti	liha
kaikenlainen	lohi
kanssa	tykätä

50. Talvella Anna hiihtää

Lue.   Talvella Anna hiihtää.

Annalla on päällä sinivihreä talvitakki.

Annalla on myös siniset housut jalassa.

Päässä Annalla on vihreä villapipo.

Kaulassa on sininen kaulaliina.

Annalla on siniset lapaset ja valkoiset sauvat.

Annan monot ovat valkoiset.

Annalla on tietysti myös sukset.

Kesällä Anna ui järvessä.

Annalla on silloin kukallinen uimapuku.

Joskus Annalla on myös uimalasit.

Sanasto

hiihtää	mono	talvi
joskus	sauva	tietysti
järvi	silloin	uimalasit
kaulaliina	sinivihreä	uimapuku
lapanen	suksi	villapipo

51. Annan lukujärjestys

	maanantai	tiistai	keskiviikko	torstai	perjantai
8.15-9.00					HI
9.00-9.45	MA	MA	MA	MA	AI
10.00-10.45	EN	AI	AI	EN	YMP
11.30-12.15	LI	AI	YMP	AI	KU
12.30-13.15	LI	KÄ	YMP	MU	KU
13.15-14.00		KÄ	MU	UE	

Lue.   Annan koulu alkaa maanantaina kello yhdeksän.

Anna tulee kouluun siis kello yhdeksän.

Annalla on maanantaina neljä tuntia.

Hänellä on matematiikkaa, englantia ja liikuntaa.

Annan koulu päättyy maanantaina viisitoista yli yksi.

Anna lähtee kotiin maanantaina kello 13.15.

Annalla on tiistaina viisi tuntia.

Hänellä on matematiikkaa, äidinkieltä ja käsitöitä.

Annan koulu päättyy tiistaina kello kaksi.

Anna lähtee tiistaina kotiin kello 14.00.

Sanasto

aine	liikunta	päättyä
alkaa	lukujärjestys	uskonto
historia	matematiikka	ympäristöoppi
kuvataide	musiikki	äidinkieli

52. Annan koulupäivä

Lue.   Ensimmäisellä tunnilla on matematiikkaa.

Anna harjoittelee kertotaulua.

Sitten Anna istuu ja laskee.

Annan pitää tehdä koko aukeama.

Läksyksi tulee myös tehtäviä.

Toisella tunnilla on englantia.

Anna opettelee uudet sanat.

Anna viittaa ja vastaa ahkerasti.

Annan täytyy kuunnella, kun pari lukee.

Läksyksi tulee kaksi tehtävää ja sanakoe.

Kolmannella ja neljännellä tunnilla on liikuntaa.

Anna pelaa sisällä jalkapalloa.

Kun tunti loppuu, hän on ihan hikinen.

Annan täytyy käydä suihkussa.

Sanasto

ahkerasti	kertotaulu	pari
aukeama	koe	pitää
harjoitella	kun	suihku
hikinen	kuunnella	tehtävä
ihan	opetella	täytyä

53. Annan päivä

Lue. Anna herää aamulla kello seitsemän.

Hän pesee hampaat ja pukeutuu.

Anna syö leipää, voita, kurkkua ja tomaattia.

Hän syö myös yhden munan.

Sitten Anna kertaa vielä englannin sanat.

Anna lähtee kouluun kello 8.30.

Hän lukitsee oven.

Päivällä Anna on koulussa.

Hänellä on tänään viisi tuntia.

Anna syö lounaan koulussa.

Tänään koulussa on kalakeittoa ja pehmeää leipää.

Anna syö myös banaanin.

Anna ei juo maitoa.

Hän juo piimää.

Illalla Anna pelaa Unoa Oton ja Saanan kanssa.

Otto voittaa ensimmäisen pelin.

Anna voittaa toisen pelin.

Voittaakohan Saana seuraavan pelin?

Yöllä Anna ja Saana nukkuvat samassa huoneessa.

Heillä on yhteinen huone.

Näkeeköhän Anna unta?

Vanheneekohan Anna vähän?

Sanasto

hammas	lukita	uni
herätä	nähdä	vanheta
häiritä	pehmeä	voittaa
kerrata	pukeutua	vähän
lounas	seuraava	yhteinen

54. Oppilaat pelaavat

Lue. Opettaja näyttää yhdeksän kuvakorttia.

Oppilaat harjoittelevat sanoja.

Sitten opettaja sanoo: "Laittakaa silmät kiinni."

"Älkää katsoko nyt", opettaja lisää.

Oppilaat laittavat silmät kiinni.

Opettaja poistaa yhden kuvakortin.

Sitten opettaja sanoo: "Avatkaa silmät."

Oppilaat avaavat silmät.

Opettaja kysyy: "Mikä puuttuu?"

Melkein kaikki oppilaat viittaavat.

"Anna", opettaja sanoo.

"Koivu", Anna vastaa.

Vastaus on oikea.

Sanasto

kiinni	laittaa
koivu	oikea
kortti	poistaa

55. Anna valitsee

Lue.

Anna valitsee pihlajan.

Anna ottaa kortin pois.

Sitten hän sanoo: "Avatkaa silmät!"

Kenet Anna valitsee?

Valitseeko Anna Mimmin?

Anna ei valitse Mimmiä.

Anna valitsee Harrin.

Harri vastaa oikein.

Sanasto

oikein	pois
pihlaja	valita

56. Saana osaa laulaa

Lue.   Saana osaa laulaa ja soittaa huilua.

Anna osaa luistella ja matkia Onnia.

Otto osaa pelata tietokoneella.

Leena-äiti osaa piirtää hyvin.

Rainer-isä osaa laittaa hyvää ruokaa.

Helena-isoisoäiti osaa tanssia hyvin tangoa.

Helena ei kuitenkaan voi tanssia.

Helena istuu pyörätuolissa.

Helena ei voi edes kävellä.

Sanasto

edes	luistella
erittäin	matkia
huilu	pyörätuoli
hyvin	tango
kuitenkaan	tanssia

57. Anna haluaa keinua

Lue.   Anna haluaa keinua.

Anna pyytää Ottoa ulos.

Otto ei halua keinua.

Otto ei halua mennä ulos.

Otto haluaa pelata tietokoneella.

Anna menee Saanan luo.

"Haluatko tulla ulos?" Anna kysyy.

Saana haluaa tulla ulos.

Saana haluaa myös keinua.

Tytöt keinuvat ja juttelevat.

Heillä on hauskaa yhdessä.

Sanasto

haluta
jutella
kysyä
pyytää
ulos

58. Annan lempipuu

Lue.   Mikä Annan lempipuu on?

Annan lempipuu on koivu.

Koivu on lehtipuu.

Kesällä koivun lehti on vihreä.

Syksyllä koivun lehti on keltainen tai oranssi.

Sitten lehti kuolee.

Se putoaa.

Talvella koivussa on silmut.

Keväällä silmu aukeaa.

Lehti on nyt pieni ja vaaleanvihreä.

Se on kaunis.

Koivu on todella kaunis puu.

Sanasto

aueta	kevät	silmu
lehti	kuolla	syksy
kesä	pudota	todella

59. Pilkkiretkellä

Lue.

On pakkanen.

Lunta sataa.

Lumihiutaleet leijailevat pehmeästi maahan.

Ville-pappa, Otto ja Anna lähtevät pilkkiretkelle.

He ajavat autolla järven rantaan.

He ottavat autosta kairan, onget ja eväsrepun.

Ville-papalla on päällä kelluntapuku.

Annalla ja Otolla on lämpimät vaatteet ja pelastusliivit.

Sää on kaunis.

Rannalta he kävelevät jäälle.

Jää on hyvin paksu.

He kairaavat kolme reikää.

Sitten he pilkkivät.

Otto saa ensimmäisen kalan.

Pian heillä onkin jo evästauko.

Sanasto

eväs	leijailla	pehmeästi
evästauko	lumi	pelastusliivit
jää	lumihiutale	pilkkiretki
kaira	maa	pilkkiä
kairata	pakkanen	ranta
kelluntapuku	paksu	reikä

60. Ajatuskartta

Tee ajatuskartta Annasta.

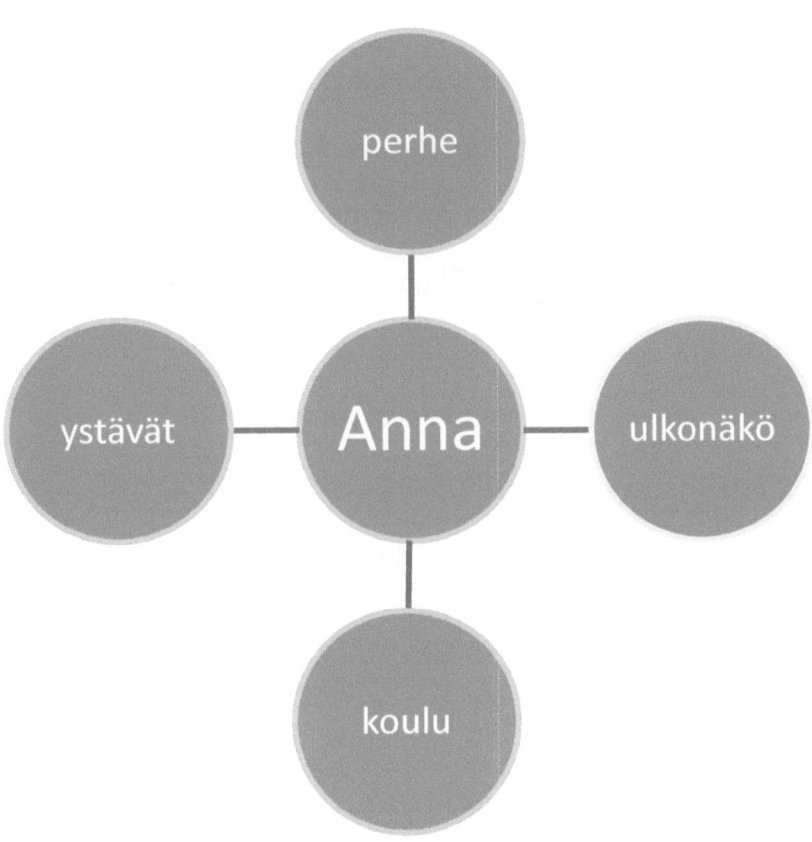

Sanasto   AJATUSKARTTA   ULKONÄKÖ

61. Onnellinen Onni

Lue.

Onni:	Minä olen kotikissa.
Saana:	Niin sinä olet.
	Sinä olet meidän kissa.
Onni:	Minä olen onnellinen kotikissa.
Saana:	Sinä olet rakas kotikissa.
Onni:	Sinäkin olet rakas.
	Hm…. Kenellä on muuten akvaario?
Saana:	Ilmarilla on akvaario.
Onni:	Kuka on Ilmari?
Saana:	Ilmari on Oton ystävä.
	Ilmarin akvaario on iso.
Onni:	Oiii! Kala, kala…
	Onni menee ja katsoo…
Saana:	… ja maistaa…

Sanasto

akvaario	muuten	onnellinen

62. Annan lempieläin on kissa

Lue.   Annan lempieläin on kissa.

Kissa on kotieläin.

Koira myös on kotieläin.

Sikakin on kotieläin.

Onko kana kotieläin?

On.

Kettu ei ole kotieläin.

Karhukaan ei ole kotieläin.

Susi ei todellakaan asu maatilalla.

Susi ei todellakaan istu meidän sohvalla.

Susi on villieläin.

Sanasto

karhu	sika
kettu	sohva
koira	susi
kotieläin	todellakaan
maatila	villieläin

LT   Etkö näe oravaa, kun oikein katsot?

63. Millainen norsu on?

Lue.

Onni: Millainen norsu on?

Anna: Norsu on iso ja harmaa.

Norsulla on isot korvat.

Norsun kärsä on paksu ja pitkä.

Norsulla on lyhyet ja paksut jalat.

Onni: Millainen gepardi on?

Anna: Gepardi on kaunis, pilkullinen ja nopea.

Gepardilla on pienet korvat.

Onni: Millainen kirahvi on?

Anna: Kirahvi on iso, täplikäs ja keltaruskea.

Kirahvilla on pitkät jalat.

Kirahvin kaula on myös pitkä.

Onni: Millainen seepra on?

Anna: Seepra on mustavalkoinen.

Se on raidallinen.

Se on kuin pieni hevonen.

Se on kuitenkin vähän pienempi kuin hevonen.

Sanasto

apina	kirahvi	pilkullinen
gepardi	kärsä	seepra
harmaa	leijona	täplikäs
hevonen	norsu	vähän

64. WhatsAppissa

Lue. Anna juttelee WhatsAppissa Kain kanssa.

Kai soittaa Englannista, koska Kai asuu siellä.

Hän opiskelee siellä.

Kaista tulee lääkäri.

Kain tyttöystävästä Juliasta tulee myös lääkäri.

Kai esittelee Annalle Ratu-koiran temppuja.

Ratu osaa antaa tassua, odottaa makuullaan palkkiota

ja tuoda Kaille tohvelit suussaan.

Kai ja Julia haluavat tulla pääsiäisenä Suomeen.

Pääsiäisen he viettäisivät mielellään Äänekoskella.

Pääsiäisen jälkeen he sitten haluaisivat matkustaa Lappiin.

Sanasto

esitellä	mielellään	temppu
lääkäri	palkkio	tohveli
makuulla	pääsiäinen	tuoda
matkustaa	tassu	viettää

65. Onni näkee unta

Lue.   On päivä.

Onni pesee tassujaan.

Onni on tyytyväinen.

Pian Onni nukahtaa.

Kohta Onni näkeekin jo unta.

Onni lentää.

Onnia jännittää.

Yhtäkkiä Onni näkee pienen hiiren.

Hiiri juoksee pellolla.

Onni on iloinen.

Onni nuolee huuliaan.

Sitten se syöksyy nopeasti alas.

Onnin kynnet ovat melkein kiinni hiiressä.

Juuri silloin Onni herää.

Voi!

Onnia harmittaa.

Sanasto

alas	kiinni	nuolla
harmittaa	kynsi	pelto
huuli	lentää	syöksyä
juuri silloin	nopeasti	tyytyväinen
jännittää	nukahtaa	yhtäkkiä

66. Mitä Onni pelkää?

Sanasto

ilme	tunne
pelokas	tuntea
pelottaa	vihainen
pelätä	väsynyt

Kirjoita. Milloin olet iloinen/surullinen/vihainen? Minä olen ...

Onni on iloinen, kun se näkee hiiren.

Onni on surullinen, kun Onni herää.

Mitä sinä pelkäät? Minä pelkään ... /Minua pelottaa...

Onni pelkää koiraa.

Onnia pelottaa, kun koira on vihainen.

67. Millainen Onni on?

Lue.   Onni on iso, mustavalkoinen kissa.

Onnin tassut ovat valkoiset.

Tassuissa on terävät kynnet.

Onnilla on pitkä häntä.

Onnin silmät ovat vihreät.

Nenä on kostea ja pinkki.

Onnilla on myös pitkät viikset.

Onni on kiltti kissa.

Aina Onni ei kuitenkaan ole kiltti.

Joskus Onni tuo sisälle linnun suussaan.

Silloin Onni on ylpeä.

Sehän on nopea ja hyvä saalistaja.

Ei Onni paha ole.

Lintu vain on niin kiinnostava.

Se ei ole edes helppo saalis.

Onni saalistaa myös pimeässä.

Päivällä Onni nukkuu usein sohvalla, keinussa tai Annan sylissä.

Onni on myös siisti.

Se pesee itseään ja teroittaa kynsiään.

Sanasto

edes	kostea	saalis	teroittaa
helppo	lintu	saalistaa	terävä
itse	paha	saalistaja	viikset
kiinnostava	pimeä	siisti	ylpeä

68. Helena

Lue.   Annan isoisoäiti Helena on vanha.

Hän asuu Äänekoskella hoivakodissa.

Helenalla on kauniit, vihreänharmaat silmät.

Hänellä on suuret korvat ja voimakas nenä.

Helenan tukka on harmaa ja hänellä on ryppyinen iho.

Hänellä on paksu tukka.

Helenan muisti on huono.

Helena etsii usein omaa ihanaa äitiään.

Helena istuu mustassa pyörätuolissa.

Helena on hidas.

Liikkuminen on vaikeaa.

Helenalla on suloinen nalle ja lämmin peite.

Näin hänen on mukava olla.

Sanasto

hoivakoti	muisti	ryppyinen
iho	mukava	suloinen
liikkuminen	nalle	usein
lähellä	näin	vaikea
lämmin	peite	voimakas

69. Helsingissä

Lue.   Anna on Helsingissä.

Otto, Saana, isä ja äiti ovat myös Helsingissä.

Helsinki on Suomen pääkaupunki.

Helsinki on iso kaupunki.

Se on isompi kuin Jyväskylä.

Se on tietysti isompi kuin Äänekoski.

Helsingissä on tyylikkäitä kauppoja.

Rakennukset ovat myös korkeampia kuin Äänekosken talot.

Monet taloista ovat myös vanhempia kuin Äänekosken talot.

Kadutkin ovat leveämpiä.

Sandit shoppailevatkin monta tuntia.

Illalla Sandit kävelevät Oopperatalolle.

Oopperatalo on iso, valkoinen rakennus.

Sandeilla on kalliit liput Pähkinänsärkijä-balettiin.

Pähkinänsärkijä on kaunis baletti.

Tanssijat ovat upeita.

Musiikki ja lavasteet ovat myös kauniita.

Anna nauttii.

Sandit nauttivat.

Vastaa.   Valitse oikea vastaus. Kirjoita vihkoon.

1. Missä Anna on?
   a) Anna on Jyväskylässä.
   b) Anna on Äänekoskella.
   c) Anna on Helsingissä.

2. Mikä kaupunki on isoin?
   a) Äänekoski on isoin.
   b) Helsinki on isoin.
   c) Jyväskylä on isoin.

3. Minkälaisia kauppoja Helsingissä on?
   a) Helsingissä on tyytymättömiä kauppoja.
   b) Helsingissä on tyylittömiä kauppoja.
   c) Helsingissä on tyylikkäitä kauppoja.

4. Mitä Sandit tekevät illalla?
   a) He kävelevät Oopperatalolle.
   b) He ajavat Oopperatalolle.
   c) He pyöräilevät Oopperatalolle.

5. Mikä on baletin nimi?
   a) Baletin nimi on Pässinsärkijä.
   b) Baletin nimi on Pähkinänsäätäjä.
   c) Baletin nimi on Pähkinänsärkijä.

6. Millaiset liput heillä on?
   a) Heillä on upeat liput.
   b) Heillä on kalliit liput.
   c) Heillä on halvat liput.

70. Avatar

Keksi adjektiivit.

Annalla on _____ avatar.

Avatar on _____ .

Avattarella on _____ tukka.

Avattaren silmät ovat _____ .

Korvat ovat _____ .

Suu on _____ .

Nenä on _____ .

Avattaren siivet ovat _____ .

Avatar on _____ .

Avattarella on _____ puku.

Puku on _____ .

Avattaren kengät ovat _____ .

Avattarella on _____ miekka.

Avattarella on _____ hevonen.

Hevonen on _____ lentäjä.

Hevonen on _____ .

Anna on tietysti tyytyväinen.

Sanasto   AVATARLENTÄJÄMIEKKAPUKUSIIPI

LT   Piirrä ja esittele.

71. Sandin perheen olohuoneessa

Lue.

Jos vierailet Sandin perheen luona, näet huonekalut
ja varmaan myös Annan tai ainakin Onnin.
Onni on usein siellä.

Olohuoneessa huomaat heti ruskean nahkasohvan.
Moniväriset tyynyt koristavat sohvaa.
Tyynyissä on kultaa, oranssia ja tummanpunaista.
Sohvan edessä on iso, ruskea ja matala sohvapöytä.
Olohuoneessa on myös televisio,
kirjahylly, nojatuoli ja vaaleanruskea keinutuoli.
Kirjahylly on leveä, matala ja valkoinen.
Keinu on kiva.
Äiti lukee usein kirjaa keinutuolissa.
Usein Onni kuitenkin valloittaa keinun.

Valkoisilla seinillä on kello ja kaksi taulua.
Olohuoneessa on kaksi ikkunaa.
Yksi ikkuna on leveä ja siinä on oranssit verhot.
Toinen ikkuna on kapea.
Ikkunoiden välissä on ovi.
Siitä voi mennä ulos omalle pihalle.

Keittiön ja olohuoneen välissä on ruokailutila.
Siinä on ruokapöytä.
Pöydän ympärillä on kuusi tuolia.
Pöydällä on pieni liina ja hedelmävati.
Hedelmävadissa on hedelmiä.

Sanasto

ainakin	liina	usein
hedelmä	matala	valloittaa
huomata	nahkasohva	varmaan
huonekalu	nojatuoli	vati
ikkuna	olohuone	verho
kapea	ovi	vierailla
kirjahylly	seinä	välissä
leveä	televisio	ympärillä

72. Annan huone

Lue.

Annalla on yhteinen huone Saanan kanssa.

Huone on aika iso ja huoneessa on iso ikkuna.

Annan ja Saanan työpöydät ovat ikkunan edessä.

Annan pöydällä on lamppu ja kynäteline.

Pöytien välissä on Onnin korkea kiipeilyteline.

Kiipeilytelineessä on erilaisia tasoja.

Onni istuu usein kiipeilytelineen päällä

ja katselee ikkunasta ulos.

Anna ja Saana nukkuvat kerrossängyssä.

Kerrossängyn vieressä on matala kirjahylly.

Hyllyn päällä on pehmoleluja.

Kirjahyllyssä on myös hyviä kirjoja.

Hyvät kirjat täyttävät kirjahyllyn.

Sanasto

aika	korkea	teline
katsella	lamppu	työpöytä
kerrossänky	pehmolelu	täyttää
kiipeily	taso	yhteinen

73. Kotona

Lue.

Kaikki ovat kotona.

Anna on kotona.

Otto ja Saana ovat kotona.

Isä ja äiti ovat myös kotona.

Kaikki istuvat olohuoneessa.

Onnikin nukkuu Annan sylissä.

Isovanhemmat istuvat myös sohvalla.

Annika ja Ben Sand ovat kylässä.

He ovat täällä koko viikonlopun.

He eivät kuitenkaan asu täällä.

Heidän koti on Maarianhaminassa.

He asuvat siis Ahvenanmaalla.

Annan perhe asuu Äänekoskella.

Kaikki katsovat elokuvaa.

Elokuva on jännittävä.

On kiva olla yhdessä.

Sanasto   ELOKUVA   JÄNNITTÄVÄ   KYLÄ   VIIKONLOPPU

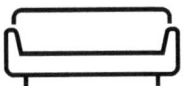

74. Anna kirjoittaa aineen

Lue.   Viikonloppuni

Viikonloppu oli kiva. Isoisä ja isoäiti olivat meillä kylässä. He tulivat tänne jo torstai-iltana Maarianhaminasta.

Perjantai-iltana olimme kaikki kotona. Istuimme sohvalla. Onni istui minun sylissä. Katsoimme elokuvan. Tykkäsimme elokuvasta.

Lauantaina sää oli kaunis ja me kävelimme ulkona. Sitten me kokkasimme yhdessä. Isoisä teki ihania lihapullia. Äiti teki vaniljakiisseliä ja perunamuussia. Isoäiti teki omenakakun. Minä tein salaattia. Illalla oli sitten sauna.

Sunnuntaina menimme metsään ja keräsimme sieniä. Tarvitsimme paljon kantarelleja. Niistä tuli oikein hyvä keitto. Pelasimme myös Afrikan tähteä. Harjoittelin uusia englannin sanoja ennen yöpuuta. Osasin ne lopulta hyvin. Vanhenin taas päivän.

Sanasto

kantarelli	lihapulla	sieni
kerätä	metsä	tarvita
kiisseli	muussi	vanilja
kokata	omenakakku	yöpuu

75. Anna kirjoittaa päiväkirjaa

Lue.   24.2. torstai

Tänään heräsin kello seitsemän. Söin puuroa ja mansikkajugurttia. Pesin hampaat. Sitten kävelin ulkona tunnin Mustin kanssa. Hoidan nyt Mimmin koiraa, koska Mimmi on hiihtolomalla Pariisissa. Leikin vielä sitten Mustin kanssa sisällä. Kun me lopetimme leikit, Musti nukkui sohvalla Onnin kanssa. Minä luin kirjaa Onnin ja Mustin vieressä. Ihanaa, että Musti niin rakastaa Onnia ja Onnikin rakastaa Mustia!

Iltapäivällä kävimme uimahallissa Saanan kanssa. Sen jälkeen pelasimme tietokoneella vähän aikaa. Sitten leivoimme banaanikakun. Illalla katsoimme Oton kanssa elokuvan.

Sanasto

hiihtoloma	lopettaa	rakastaa
koska	mansikkajugurtti	uimahalli

76. Anna kirjoittaa päiväkirjaa

Lue.   25.2. perjantai

Tänään heräsin kello seitsemän. Söin puuroa, mustikoita ja jugurttia. Pesin hampaat ja puin päälleni uudet vihreät housuni. Uusia vihreitä housujani ihailin peilistä pitkään. Sitten kävelin kouluun.

Ensimmäisellä tunnilla oli hissaa. Keksimme kysymyksiä. Toinen tunti oli äikän lukutunti. Ympässä teimme tehtäviä tietokoneella. Kuvistunnilla piirrettiin.

Koulun jälkeen kävimme kaupassa. Ostimme lakuja. Sitten menimme Mimmin luo. Söimme välipalaa ja tietysti lakuja. Sitten teimme läksyt yhdessä.

Illalla kävin äidin, isän ja Oton kanssa elokuvissa.

Sanasto   HISSAIHAILLAKUVISLAKUMUSTIKKAPEILIVÄLIPALAYMPPÄÄIKKÄ

77. Anna kirjoittaa päiväkirjaa

Lue. 27.2. sunnuntai

Tänään on jo sunnuntai. Eilen olimme Jyväskylässä. Laskettelimme monta tuntia. Vuokrasimme välineet laskettelukeskuksesta. Osaan jo kyllä laskettella melko hyvin, mutta isä ja äiti opettivat meitä. Söimme lounaan kahvilassa. Minä söin tonnikalapitsan ja Saana söi kinkkuananaspitsan. Isä ja äiti jakoivat katkarapupitsan. Saana ja minä joimme kokista. Äiti ja isä joivat kahvia. Sitten laskettelimme vielä pari tuntia. Valkoisilla hangilla oli kiva laskettella.

Tänään luistelimme Saanan kanssa. Iltapäivällä Otto ja minä pelasimme Monopolia. Katsoimme myös jalkapalloa. Illalla luin sanakokeisiin. Muita läksyjä ei ollut. Lopetan nyt. Piipahdan vielä suihkussa ja sitten nukun. Olen väsynyt.

Sanasto

ananas	kokis	opettaa
hanki	lasketella	piipahtaa
jakaa	laskettelukeskus	tonnikala
katkarapu	lopettaa	vuokrata
kinkku	melko hyvin	väline

78. Anna kirjoittaa päiväkirjaa

Lue.   28.2. maanantai

Tänään heräsin kello seitsemän. Peseydyin ja puin. En laittanut päälleni housuja, vaikka meillä oli liikuntaa. En tietysti sitten unohtanut liikkavaatteita. Tänään söin puuroa voisilmän kanssa. Join myös maitoa ja söin maustekakkuakin. Äiti osti maustekakun Jyväskylässä pienestä leipomosta.

Koulussa oli matikkaa, enkkua ja liikkaa. Matikkaa ei ollut, koska juhlimme Kalevalaa. Enkun sanakoe meni ihan hyvin. Liikkatunnilla pelasimme korista. Harjoittelimme syöttämistä. Pelasimme myös, mutta me emme voittaneet. Mimmin joukkue voitti.

Iltapäivällä olin jalkapalloharjoituksissa. Siellä on aina kivaa. En saanut yhtään maalia, mutta syötin Tanjalle. Tanja teki sitten maalin. Illalla tein läksyt ja katsoin telkkaria.

Sanasto

enkku	juhlia	matikka
harjoitella	koris	maustekakku
harjoitus	leipomo	syöttäminen
harrastaa	liikkavaate	syöttää
joukkue	maali	telkkari

79. Laivalla Maarianhaminaan

Lue.

Sandit lähtevät matkalle. Ensin he ajavat Turkuun omalla autolla. Turussa on satama. Satamassa he ajavat auton laivaan. Ottoa, Annaa ja Saanaa jännittää, vaikka laivamatka onkin heille tuttu. Maarianhaminakin on tuttu, sillä se on Rainer-isän vanha kotikaupunki. Isovanhemmat ja Stefan-setä perheineen asuvat myös siellä.

Laivassa Sandeilla on hytti. He vievät tavarat hyttiin, koska he nukkuvat siellä ruokailun jälkeen. Ruokailu on aina kiva. Se on buffetti. Otto sanoo, että hän haluaa syödä oikein kunnolla. Anna sanoo, että hän aikoo maistaa kaikkia jälkiruokia. Saana sanoo, että hän juo ainakin litran limpsaa. Silloin äidin on pakko hymyillä. Isä sanoo, että on hyvä jättää tilaa myös karkeille.

Hytissä ei voida nukkua koko yötä, sillä laiva saapuu Maarianhaminaan aamuyöllä. Kännykkä soi ja herättää heidät ajoissa. Sandit pukeutuvat ja siirtyvät autoon. On vielä pimeää, kun he ajavat laivasta ulos.

Isoisä ja isoäiti ovat hereillä, kun Sandit saapuvat. Kukaan ei halua mennä heti nukkumaan.

Sanasto

aikoa	jälkiruoka	pimeä
buffetti	jättää	satama
ensin	kunnolla	siirtyä
että	laiva	sillä
herättää	limpsa	tila
hymyillä	matka	tuttu
hytti	pakko	vaikka

80. Otto haastattelee

Lue.

Otto:	Mitä teit sunnuntaina?	
Anssi:	Pelasin jääkiekkoa ja kuuntelin musiikkia.	
Otto:	Mitä teit sunnuntaina?	
Samira:	Laskin mäkeä, kävin elokuvissa ja valitsin uudet verhot.	
Otto:	Mitä teit sunnuntaina?	
Ilari:	Leivoin suklaakakun ja kävin uimahallissa.	
Otto :	Mitä teit sunnuntaina?	
Sonja:	Kuuntelin musiikkia ja luistelin.	
Otto:	Mitä teit sunnuntaina?	
Veera:	Tein läksyt, soitin kitaraa ja pelasin tietokonepelejä.	
Otto:	Mitä teit sunnuntaina?	
Aaro:	Piirsin, kävin kylässä ja läksytkin tein.	
Otto:	Mitä teit sunnuntaina?	
Samuli:	Kokkasin, lauloin ja pelasin Afrikan tähteä.	
Otto:	Mitä teit sunnuntaina?	
Wille:	Soitin pianoa, lauloin ja pelasin tietokonepelejä.	
Otto:	Mitä teit sunnuntaina?	
Klaara:	Pelasin jääkiekkoa, kuuntelin musiikkia ja tein läksyt.	
Otto:	Mitä teit sunnuntaina?	
Rosa:	Kävin elokuvissa, luistelin, tein läksyt ja vanhenin.	

Sanasto HAASTATELLAJÄÄKIEKKOMÄKISUKLAA

81. Annan vuosi

Lue.   Kesä on Annan lempivuodenaika. Silloin on lämmintä ja kaunista. Kesä-, heinä- ja elokuussa Sandit viettävät paljon aikaa mökillä. Mökillä voi uida, soutaa ja kalastaa. Mummolakin on lähellä. Siellä voi syöttää laamoja ja kanoja. Mökin lähellä on myös mummolan iso metsä. Siellä voi poimia marjoja ja sieniä. Kesä on kiva myös siksi, että Annan syntymäpäivä on kesäkuussa.

Sanasto

kalastaa	metsä
laama	mökki
lähellä	poimia
marja	soutaa

Kesällä

LT   Kesällä voin uida järvessä, koska vesi on lämmintä.

92

Lue.   Syksyllä Anna viettää paljon aikaa koulussa. Hänellä on siellä paljon kavereita. Mimmin kanssa he pyöräilevät usein toisten kavereiden luokse kylään. Annan perhe tekee syksyisin myös sieniretkiä metsään. Ruska-aika on kaunis, koska puiden lehdet ovat punaisia, keltaisia, oransseja ja vielä vihreitäkin.

Talvella Anna hiihtää ja luistelee. Luistelukenttä on koulun lähellä, eli se ei ole kovin kaukana. Anna käy Mimmin ja Saanan kanssa myös uimahallissa. Mimmin isosisko Tuovi tulee silloin mukaan. Tuovi opettaa heille uimahyppyjä. Joulukin on talvella joulukuussa. Anna toivoo aina valkoista joulua. Jouluna on aina vieraita. Isovanhemmat tulevat Ahvenanmaalta ja Kai lentää Suomeen Englannista.

Keväällä Anna odottaa jäiden lähtemistä. Pyörälläkin on taas helppo ajaa. Anna ja isä seuraavat myös muuttolintuja. Kukatkin ilmestyvät keväällä puutarhaan. Toukokuu on niin ihanan vihreä. Äitienpäivänä toukokuussa Anna kerää aina valkovuokkoja äidille.

Anna ja Mimmi

Sanasto

helppo	muuttolintu	toivoa
ilmestyä	pyörä	uimahyppy
joulu	pyöräillä	valkovuokko
lähteminen	ruska-aika	vieras
mukaan	seurata	äitienpäivä

82. Lentokentällä

Lue.

Anna lähtee isän ja Oton kanssa lentokentälle, koska Kai ja Julia saapuvat. Kai ja Julia lentävät ensin Helsinkiin. Siellä he vaihtavat konetta, ja sitten he lentävät Jyväskylän lentokentälle Tikkakoskelle.

Sandit ajavat lentokentälle. Terminaalin edessä on parkkipaikka. Auton he parkkeeraavat ulos parkkipaikalle. Sieltä he kävelevät sisälle terminaaliin. Isä katsoo ylös näyttötaululle ja etsii lentojen saapumisaikoja. Kone saapuu ajoissa. Isä ostaa kahvilasta heille limut. Sitten he kävelevät isojen ikkunoiden eteen. Sieltä näkee ulos kentälle. Anna laittaa lasinsa kapealle ja korkealle pöydälle. Koska tuoleja ei ikkunan vieressä ole, Anna ja Otto seisovat. Isä seisoo Oton ja Annan takana. Aurinko paistaa ulkona.

Pian Otto huomaa lentokoneen. Se laskeutuu kentälle. Sitten kone rullaa terminaalin eteen. Kun portaat lasketaan alas, ihmisiä laskeutuu portaita pitkin kentälle. Ensin ulos tulee Kai ja sitten tulee Julia.

Kai ja Julia tulevat tullin läpi. Anna halaa Kaita. Kai esittelee Julian. Juliakin halaa Annaa.

Sanasto

ensin	läpi	porras
esitellä	näyttötaulu	rullata
halata	paistaa	saapumisaika
laskeutua	parkkeerata	terminaali
lentokone	parkkipaikka	tulli
limu	pitkin	vaihtaa

83. Mikä sinun ammatti on?

Lue.

Matias:	Mikä sinun ammatti on?
Anna:	Höpsistä! Eihän minulla vielä ole ammattia.
Matias:	No mikä sinä haluaisit olla?
Anna:	No niin! Nyt päästiin asiaan. Haluaisin olla opettaja.
Matias:	Mitä sinä haluaisit opettaa?
Anna:	Haluaisin opettaa lääkäreitä.
Matias:	Mitä! Sinun pitäisi sitten olla lääkäri.
Anna:	Niin! Haluan ensin lukea lääkäriksi ja sitten vielä lastenlääkäriksi.
Matias:	Sinulla on kovat tavoitteet.
Anna:	Niin on.
Matias:	Sinä opettaisit sitten sairaalassa ja yliopistossa.
Anna:	Nii-iin. Mikä sinä haluaisit olla isona?
Matias:	Minäkin haluaisin olla opettaja.
Anna:	Keitä tai mitä sinä sitten haluaisit opettaa?
Matias:	Minä haluaisin opettaa luokkaa eli haluaisin olla luokanopettaja.
Anna:	Eikös sinun äitisikin ole luokanopettaja?
Matias:	On. Hän opettaa ala-asteella. Lisäksi hän opettaa terveystietoa yläasteella. Minä haluaisin luokan lisäksi opettaa musiikkia.
Anna:	Niin, sinähän soitat vaikka mitä. Mutta pianoa soitat niin ihanasti!
Matias:	Olen tehnyt myös omia lauluja. Ehkä minusta tuleekin säveltäjä.
Anna:	Se olisikin hienoa! Okei. Mikä sinun isän ammatti on?
Matias:	Minun isäni on sähkömies. Hänellä on oma yritys.
Anna:	No sitten sinun isä on myös yrittäjä.
Matias:	Niin on. Missä sinun isä on töissä?
Anna:	Isä on töissä tuolla paloasemalla. Hän on palomies.
Matias:	Teidän isä ajaa sitten paloautoa ja sammuttaa tulipaloja.
Anna:	Joo, ja hän tekee paljon muutakin! Esimerkiksi hän kouluttaa ihmisiä ensiaputaidoissa.
Matias:	Olisi kiva päästä teidän isän kyytiin. Oletko sinä ollut kyydissä?
Anna:	Joo, olenhan minä!

ammattiehkäensiaputaitokouluttaakyytilastenlääkärilaululisäksiluokanopettajapäästä
sairaalasammuttaasähkömiessäveltäjätavoiteterveystietotulipaloyliopistoyrittäjäyritys

84. Keskustelu

Lue.

Hannu:	Mistä väristä sinä pidät?	
Anna:	Minä pidän keltaisesta.	
Hannu:	Miksi sinä pidät keltaisesta?	
Anna:	Minä pidän keltaisesta, koska se on sitruunan väri.	
Hannu:	Pidätkö sinä sitruunasta?	
Anna:	No joo, mutta ananas on minun lempihedelmä!	
Hannu:	Ananaskin on keltainen. Mikä on sinun lempiruoka?	
Anna:	Minun lempiruoka on varmaan lasagne.	
Hannu:	Miksi sinä pidät lasagnesta?	
Anna:	Pidän lasagnesta, koska siinä on basilikaa ja juustoa.	
Hannu:	Pidätkö sinä myös pitsasta? Siinäkin on juustoa.	
Anna:	Pidän. Lempijuustojani ovat Parmesan ja Cheddar.	
Hannu:	Mistä ruuasta sinä et pidä?	
Anna:	Minä en pidä etanoista enkä sammakoista.	
Hannu:	Mistä väristä et pidä?	
Anna:	Pidän kaikista väreistä.	

Sanasto

basilika	sammakko
etana	sitruuna
keskustelu	varmaan

85. Anna rakastaa liikuntatunteja

Lue.　Annalla oli koulussa tänään kaksi tuntia ulkoliikuntaa. Anna rakastaa kaikkia liikuntatunteja. Mitä Anna teki tänään liikuntatunnilla?

Tänään heillä oli pesäpalloa. Anna heitti pallon parille ja pari otti pallon kiinni räpylällä. Anna harjoitteli myös mailalla lyömistä. Kaikki oppilaat harjoittelivat opettajan ohjeiden mukaan. Sitten he myös pelasivat. Anna osasi heittää palloa erittäin hyvin. Anna sai pallon erittäin hyvin kiinni räpylällä. Lyöminen oli hieman vaikeampaa. Se onnistui kuitenkin melko hyvin. Pesästä pesään juokseminen onnistui erittäin hyvin.

Sanasto

erittäin hyvin	juokseminen	pesä
heitto	lyöminen	pesäpallo
heittää	maila	räpylä
jonkin verran	ohje	ulkoliikunta

86. Pyöräretki

Lue.   Otto nukkui pitkään, koska tänään ei ollut koulua. Otto heräsi vasta kello yhdeksän. Sitten Otto pesi hampaat ja söi.

Aamiaisen jälkeen Otto meni ulos. Hän otti pyörän ja pyöräili Juuson luo. Juuso tuli ulos pihalle Ottoa vastaan. Yhdessä he pyöräilivät rannalle. He istuivat siellä hetken kivellä ja joivat mehua. Sitten he etsivät innokkaasti litteitä kiviä. Niitä he heittivät. Otto sai neljä leipää. Sitten pojat pyöräilivät takaisin kotiin.

Illalla Otto pelasi uutta tietokonepeliä. Sitten hän pesi ja kuivasi itsensä kylpyhuoneessa. Pian Otto makasikin jo omassa sängyssä. Päivä oli pulkassa.

Sanasto

aamiainen	kivi	maata
etsiä	kuivata	pulkka
hetki	kylpyhuone	takaisin
innokkaasti	litteä	vasta

Otto ja Juuso rannalla

87. Vertti ja Pertti

Lue.

Pirkon navetassa asuu laama. Laaman nimi on Vertti. Vertillä on veli Pertti. Pirkolla on siis kaksi laamaa. Pirkko rakastaa laamojaan. Laamat rakastavat Pirkkoa.

Pirkko hoitaa laamoja joka päivä. Hän antaa laamoille ruokaa. Laamoilla on tietysti aina myös puhdasta vettä. Pirkko juttelee aina laamoille ja laamat puskevat hellästi Pirkkoa.

Joku voisi kysyä, miksi Pirkko pitää laamoja. Pirkolle asia on yksinkertainen. Hän kutoo mielellään ja laamoista hän saa hyvää villaa. Se on pehmeämpää kuin lampaanvilla. Laama seuraeläimenä on myös terapiaa. Se on iso ja siihen voi nojata. Pirkko voi jutella laamoille ja silittää niitä. Laamat toimivat joskus myös Pirkon lenkkikavereina. Pirkko ei voi enää kuvitella elämää laamoitta.

Sanasto

aina	miksi	seura
asia	navetta	siisti
elämä	nojata	silittää
hellästi	puhdas	terapia
kuvitella	puskea	toimia
lenkkikaveri	rakastettava	yksinkertainen

Pirkko-mummo, Pertti ja Vertti

88. Varkaita Äänekoskella

Lue.

Otto ja Anna lähtevät aamulla kouluun. Matkalla he juttelevat uudesta pelistä, jonka Otto haluaa ostaa. Juusolla on jo sellainen. Otto on kertonut isälle pelistä viikko sitten.

Yhtäkkiä Anna huudahtaa: "Kato Otto! Katso tuota Timanttisten ikkunaa. Se on rikottu." "Mennään lähemmäks", Otto sanoo heti. He tutkivat ikkunaa. Siihen on teipattu muovia. "Täällä on käynyt varkaita. Se on varmaa", Otto sanoo pian. "Varas tai varkaat ovat rikkoneet ikkunan ja ryöstäneet kaupan", Otto jatkaa. Anna kysyy Otolta: "Mitäköhän varkaat ovat vieneet?" Otto vastaa: "Kultaa, kultaa, kultaa ja kelloja varkaat ovat ottaneet." Anna ja Otto juoksevat nopeasti, sillä he haluavat kertoa asiasta kavereille.

Sanasto

kertoa	ryöstää
kulta	teipata
lähemmäksi	varas
muovi	varma
rikkoa	viedä

Lue.

Ryöstäjille arvosaalis

Ryöstäjät ovat ryöstäneet Timanttiset-liikkeen Äänekosken keskustassa keskiviikon vastaisena yönä. Liikkeestä on hävinnyt suuri määrä arvoesineitä. Varkaat ovat myös räjäyttäneet liikkeen kassakaapin. Kassakaapista varkaat ovat löytäneet jalokiviä. Poliisipäällikkö Asko Mäkinen kertoo, että poliisi on saanut jo muutamia vihjeitä.

Sanasto

arvoesine	liike	ryöstäjä
hävitä	muutama	räjäyttää
jalokivi	määrä	tutkia
kassakaappi	poliisi	vihje
keskusta	poliisipäällikkö	vastainen

89. Varkaat ovat tunnustaneet

Lue.

Jalokivivarkaat ovat tunnustaneet

Varkaat ovat liikkuneet keskiviikkona aamuyöllä Äänekosken keskustassa. Saaliiksi varkaat ovat saaneet suuren määrän Timanttiset-liikkeen arvoesineitä, kuten kultaesineitä ja jalokiviä. Poliisi on ottanut torstaina kiinni 27-vuotiaan naisen ja 31- ja 37-vuotiaat miehet. Poliisi on kuulustellut naista ja miehiä. He ovat tunnustaneet rikoksen. Poliisi on pidättänyt perjantaina kaikki kolme henkilöä. Tutkimukset jatkuvat.

Sanasto

henkilö	pidättää
jatkua	rikos
kuulustella	saada
liikkua	tunnustaa
ottaa kiinni	tutkimus

90. Kevätretki

1. Lue.   "Äiti! Tulin takaisin. Luokkaretki rannalle oli aivan ihana. Me pelasimme jalkkista ja minä tein kaksi maalia. Mimmi syötti mulle. Minäkin syötin, mutta niistä ei sitten kuitenkaan tullut maaleja. Leikimme myös hippaa. Vesi oli vielä kylmää. Emme siis uineet. Aurinko kylläkin paistoi koko ajan. Me syötiin eväät, jotka me saatiin koululta. Kaikki olivat myös ottaneet mukaan omia herkkuja. Odotan nyt kyllä lomamatkaamme Italiaan vielä enemmän, mutta nyt menen suihkuun."

Sanasto   AIVANHERKKUHIPPAJALKKISKYLMÄLOMAMATKALUOKKARETKI

Odotatko jo kesää?

Anna odottaa joulua

Lue.

Anna, Otto ja isä ajavat mummolaan.

He hakevat kuusen.

Mummo antaa glögiä ja piparit.

Kotona on paljon jouluruokaa.

Heillä on perunalaatikkoa, porkkanalaatikkoa ja rosollia.

Heillä on lanttulaatikkoa, riisipuuroa ja kiisseliä.

Kinkku, kastike, joulutortut ja piparit ovat myös jouluruokia.

Kotona on paljon joulukoristeita.

Kuusessa on palloja, sähkökynttilöitä, hopeanauhaa ja tähti.

Tontut ovat ikkunassa.

Seimi, kukat, piparkakkutalo ja kyntteliköt ovat pöydällä.

Enkelikello ja joulukortit ovat myös joulukoristeita.

Ulkona on seppele, lyhty ja jouluvalot.

ROSOLLIKINKKUTORTTUKYNTTILÄNAUHATÄHTITONTTU

ENKELIKELLOSEPPELEGLÖGISEIMIPIPARKAKKUTALOPUKKI

pi-par-kak-ku

jou-lu-kuu-si

Aa   a   a   aa   aa   a   aa

       a   aa   a   a   a   aa

Ii   i   i   ii   ii   i   ii

       i   ii   i   i   i   ii

       a   a   i   i   aa   ii

       ai   a   aa   ai   ii   ai

Nn   na   naa   ni   nii   na   nii

       a   an   nan   i   in   niin

            An   na   Anna

            Nii   na   Niina

            Ai   ni   Aini

            Nin   ni   Ninni

            Ii   na   Iina

Oo   o   oo   oi   on   oon   ai

       no   noo   noi   na   naa   nai

Ss   so   soo   soi   sa   saa   sai

       as   is   os   nos   nis   nas

Uu	su	suu	sus	sa	saa	sas
	us	as	is	sus	sas	sis
		On	ni	Onni		
		Uu	no	Uuno		
		Oo	na	Oona		
		Saa	na	Saana		
Ll	la	li	lu	luu	loo	lii
	al	ul	il	sal	nal	lal
Ee	e	ee	le	lee	lal	lel
	el	nel	il	nil	ei	nei
	Lasse	Niilo	Olli	Ella	Leena	
Tt	ta	tu	ti	te	tee	tuu
	at	et	it	ut	uut	suut
Mm	ma	me	mi	mo	mu	nu
	am	em	im	mam	sum	tum

	Toni Mimmi		Otto Miina		Eetu Minna	
Ää	ä	ää	ät	än	äs	äi
	tä	täi	näi	sää	saa	sä
Rr	ra	ri	rii	roi	rou	ruo
	ir	er	är	sär	tär	när
Kk	ka	ki	kii	koi	kou	kai
	ik	ak	äk	säk	täk	näk
	Raili	Riina	Riitta	Rainer	Risto	
	Arto	Iiro	Eero	Erkki	Kukka	
Yy	y	yy	syy	tyy	lyy	kyy
	yk	tyk	ny	nyt	luu	kuu
Pp	pa	pe	pi	paa	pep	pop
	ap	ip	äp	täp	typ	top
	Tyyne		Lyyti		Peppi	
	Pekka		Pyry		Nyytti	

Jj	ja	jaa	jo	joo	ju	juu
	jä	jää	jou	jau	jy	juo

Öö	ö	öö	ön	pör	töp	top
	sä	sö	so	su	kö	nö
	Jaana		Jonne		Jyri	Yrjö

Vv	va	ve	vi	vii	voi	vai

Hh	ha	he	ah	oh	hoi	hai
	Viivi		Ville		Väinö	
	Hanna		Hille		Ohto	

Dd	da	de	di	dä	dy	dyy
	dal	dan	din	das	dil	dys

Bb	ba	be	bi	bas	bis	bää
	ab	eb	ib	rab	rib	hyb
	Seidi		Aada		Heidi	
	Ben		Börje		Abdi	

Gg	ga	ge	gi	goot	ag	ig
Ff	fa	faa	uf	ef	äf	fär
	baa	buf	dyy	far	tref	fit

Cc	Coco Chanel		Camilla Cederström

Lue. Anna, Saana, Otto, Leena, Rainer, Ben, Annika, Gunilla, Onni, Andreas, Stefan, Camilla, Pirkko, Ville, Eelis, Juuso, Oona, Tero, Hilkka, Heikki, Heli, Adalmiina, Riitta, Reijo, Raija, Kari, Karri, Keijo, Irmeli, Mikko, Marko, Virve, Varpu, Veera, Uffe ja Ilmari

Qq   Quinn Almqvist

Ww   Wille Wuori

Xx   Alexandra Taxell

Zz   Zainab Zorro

Åå   Åke Åström

Lue. Sand, Aalto, Forsberg, Augustin, Ylönen, Heikkinen, Nieminen, Jokinen, Wuori, Häyrinen, Mäki, Cederström, Åström, Rantala, Almqvist, Aaltonen, Järvinen, Taxell, Pekkala, Saarinen, Ahola ja Björklund

Lue.

Aurinko

Aurinko tanssii.

Onkohan se valssia?

Annakin tanssii

auringon tanssia.

Muita Hannele Allenin kirjoja paperisena ja/tai e-kirjana:

Onni ja Anna Opin suomea (BoD)
Opin suomea TA-VU-TE-TUT TEKS-TIT
Opin suomea -TUKI (FREEED)
MATEMATIIKKAA SUOMEKSI (BoD)
MATH FOR ESL 1 (amazon)
MATH FOR ESL 2 (amazon)
MATHS FOR ESL (amazon)
Ymppää, hissaa ja yhteiskuntaoppia valmistavalla BoD

Hannele Allenin toimittamia kirjoja lapsille:

Kim, Leon, and the Sky Path to Africa (amazon)
Kim, Leon, and the Sky Path to Africa EASY READ (amazon)
Kim, Leon ja taivaspolku Afrikkaan SELKOMUKAUTUS BoD